《두고두고 읽고 싶은 시튼 동물 이야기》는
자연을 사랑했던 작가 시튼이 실화를 바탕으로 그려 낸 야생 동물 이야기를 한 편씩
따로 엮은 책입니다. 거친 자연 속에서 누구에게도 길들지 않고 당당히 자신의 삶을
살았던 동물들의 감동적인 이야기가 생생한 그림으로 파노라마처럼 펼쳐집니다.

두고두고 읽고 싶은 시튼 동물 이야기 7
나를 사랑한 개 빙고

초판 1쇄 찍은날 2020년 1월 15일
초판 1쇄 펴낸날 2020년 1월 23일

원작 어니스트 톰슨 시튼 | 글·그림 우상구
펴낸이 서경석
편집 김진영, 박고은 | 디자인 박호준
마케팅 서기원 | 제작·관리 서지혜, 이문영
펴낸곳 청어람주니어 | 출판등록 제313-2009-68호
주소 경기도 부천시 부일로483번길 40 (14640)
전화 032)656-4452 | 팩스 032)656-9496
전자우편 juniorbook@naver.com

ISBN 979-11-86419-59-5 74840
　　　 978-89-93912-78-4(세트)

ⓒ 우상구, 청어람주니어 2020

이 도서의 국립중앙도서관 출판시도서목록(CIP)은 서지정보유통지원시스템 홈페이지(http://seoji.nl.go.kr)와
국가자료공동목록시스템(http://www.nl.go.kr/kolisnet)에서 이용하실 수 있습니다.(CIP제어번호: CIP2019049642)

※ 이 책의 내용 일부 또는 전부를 재사용하려면 반드시 저작권자와 청어람주니어 양측의 동의를 얻어야 합니다.

두고두고 읽고 싶은 시튼 동물 이야기

나를 사랑한 개 빙고

어니스트 톰슨 시튼 원작 | 우상구 글·그림

| 이 책을 읽는 어린이들에게 |

◆◆◆

언제나 한결같은 마음을 주는
반려동물, 개

예전에는 좋아하여 가까이 두고 기르는 동물을 '애완동물'이라고 했어. 애완동물에는 개, 고양이, 새 등이 포함되었지. 그런데 요즘에는 애완동물보다 '반려동물'이라는 표현을 더 즐겨 써. 반려동물은 사람과 함께 살아가는 동물이 심리적으로 안정감과 친밀감을 주는 친구나 가족과 같은 존재라는 뜻이야.

개는 영리하고, 사람을 잘 따르며, 충성심이 높은 동물이야. 오래 키우다 보면 사람과의 교감을 통해 말도 잘 알아듣고, 훈련을 하면 지시에 따라서 할 수 있는 동작들이 많아지지.

이 책의 주인공 빙고는 평생 사람에게 마음을 다했어. 세상을 떠나는 그 순간까지 빙고는 오직 한 사람을 향한 마음뿐이었어. 이 가여운 반려동물을 보며 아저씨는 어린 시절 키웠던 강아지가 떠올랐어. 학교에 다녀오면 대문 앞까지 마중을 나와 꼬리를 흔들며 반겨 주던 녀석이었지. 어린 시절에 동물을 키워 본 경험은 때로 평생을 간직할 정도로 깊고 진한 추억을 남겨. 사람은 상처를 줘도 동물은 사람에게 언제나 끝없는 사랑을 주거든.

이 책을 읽으며 변치 않는 우정을 지닌 빙고의 한결같은 마음을 느끼며 반려동물에 대해 다시 생각하는 계기가 되길 바라.

개와 영원한 친구, 우상구 아저씨가

| 어니스트 톰슨 시튼 Ernest Thompson Seton에 대하여 |

◆◆◆

동물을 따뜻한 시선으로 관찰한
자연주의 작가, 시튼

이 책을 쓴 작가, 시튼을 소개할게.

어린 시절을 숲이 우거진 산림 지대에서 보낸 시튼은 동물들을 관찰하고 그리는 것을 무척 좋아했어. 그래서 식물과 동물을 관찰하고 연구하는 박물학자가 되고 싶어 했지. 아버지의 권유로 영국과 프랑스에서 그림을 먼저 공부했지만, 박물학자가 되고 싶은 꿈을 버릴 수 없어 캐나다로 돌아와 글을 쓰기 시작했단다. 그러다 1897년 동물들의 이야기를 쓴《내가 아는 야생 동물 Wild Animals I have known》을 발표하면서 작가로서 첫발을 내딛게 되었지.

시튼이 책 속에 그려 낸 동물들은 단순히 본능에 따라 행동하지 않았어. 거친 야생의 세계에서 살아남기 위해 때로는 용기 있게 맞서고, 때로는 지혜롭게 피해 서로를 보듬는, 우리의 삶과 크게 다르지 않았지. 이야기를 읽다 보면 동물을 따뜻하게 바라보는 시튼의 시선을 느낄 수 있단다.

훗날 '동물 문학의 아버지'로 불린 시튼은 평생 사람들의 횡포로 하나둘씩 사라져 가는 야생 동물들을 보호하기 위해 글을 쓰고 그림을 그렸어. 그리고
꾸준히 이야기했지. 자연은 "아주 좋은 것 Nature is Very Good Thing"이라고.
그러니까 반드시 지켜야 한다고 말이야.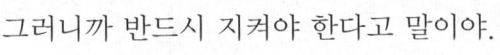

1882년 11월, 다시 겨울이 찾아왔습니다. 나는 아침을 먹고 한가로운 시간을 보냈습니다. 창문 밖 풍경은 액자 속 그림처럼 아름다웠습니다. 통나무에 꽂아 놓은 오래된 동요 '빙고'의 노랫말도 보였습니다.

프랭클린의 강아지 한 마리
목장 울타리를 뛰어넘었다네
사랑하는 강아지 빙고

노랫말과 풍경이 어우러져 꿈결 같았습니다. 그때 초원을 가로질러 외양간으로 날랜 동물이 뛰어갔습니다. 그 뒤를 맹렬하게 뒤쫓는 얼룩빼기 동물도 보였습니다.

자세히 보니 코요테*와 고든 씨의 개 프랭크였습니다.

"코요테다!"

나는 프랭크를 돕기 위해 재빨리 엽총을 들고 뛰어나갔습니다.

*코요테 : 늑대와 비슷하나 몸집이 작고 귀가 크며 주둥이가 긴 갯과의 동물

내가 뛰어나갔을 때 코요테와 프랭크는 보이지 않았습니다. 눈 쌓인 곳으로 더 나아가 보니 코요테는 다시 궁지에 몰리고 있었습니다.

나는 하늘을 향해 총을 두 발 쏘았습니다. 하지만 그 소리는 코요테와 프랭크를 더 빨리 달음박질치게 만들 뿐이었습니다.

용감무쌍한 개 프랭크는 코요테를 따라잡아 엉덩이를 물었습니다. 코요테도 사나운 기세로 반격을 시작했습니다. 프랭크와 코요테는 눈밭에 엉겨 붙어 떨어지지 않았습니다.

눈밭의 추격전이 계속되었습니다. 코요테는 필사적으로 동쪽 어두운 숲으로 달아나려 했지만 번번이 실패하고 말았습니다.

　추격전이 2킬로미터 가까이 계속된 뒤에야 나는 녀석들을 따라잡았습니다. 프랭크는 뒤쪽에 든든한 후원자가 있다는 것을 알고 더욱 기세등등했습니다.

　잠시 후 코요테가 뒤로 벌러덩 자빠졌습니다. 프랭크는 피를 흘리면서도 코요테의 목을 물고 늘어졌습니다. 싸움은 내가 쏜 총알이 코요테의 머리에 명중하면서 끝이 났습니다. 적이 죽었다는 것을 확인한 프랭크는 뒤도 돌아보지 않고 집으로 뛰어갔습니다.

나는 프랭크가 벌써 여러 마리 코요테를 해치운 실력자라는 걸 알고 있었습니다. 프랭크의 용맹스러움에 반한 나는 비싼 값을 주고서라도 당장 녀석을 데려오고 싶었습니다.

프랭크의 주인 고든 씨는 씩 웃으며 프랭크의 새끼를 가리켰습니다.

"그 녀석 새끼 한 마리를 키우는 건 어떻소?"

강아지는 코 주위에 하얀 털이 난 것까지 프랭크와 똑같았습니다.

훌륭한 아빠를 둔 강아지는 온몸이 검은 털로 덮여 있어서 새끼 곰 같아 보였습니다. 내 눈에는 이 강아지도 언젠가는 프랭크만큼 훌륭한 개로 자랄 거라는 보증서처럼 보였습니다.

이름은 이미 정해진 거나 다름없었습니다. 내가 이 녀석을 처음 보았을 때부터 동요 빙고의 노랫말이 떠나지 않았으니까요. 그래서 녀석은 '빙고'가 되었습니다.

나는 빙고에게 기대가 컸습니다. 하지만 녀석은 늘 사고를 쳤습니다. 먹을 것에 목숨을 거는 통에 하루가 다르게 쑥쑥 자랐습니다.

쥐덫에 코를 디밀었다가 혼쭐이 난 뒤에도 정신을 못 차리고 계속 코를 들이대곤 했습니다. 또 고양이한테 친한 척하다가 날카로운 발톱에 상처를 입고 잠자리를 헛간으로 옮기기도 했습니다.

빙고를 훈련시키기 좋은 봄이 되었습니다. 농장에서 소를 치는 일을 하던 나는 빙고에게 소몰이 훈련을 시켰습니다. 여러 번의 시행착오 끝에 빙고는 암소를 찾아오라는 명령을 알아듣게 되었습니다.

그 뒤로 빙고는 암소를 데려오라는 명령을 아주 좋아했습니다.

"데려와."

신호가 떨어지자마자 빙고는 신이 나서 컹컹 짖으며 암소들을 몰고 왔습니다.

그 후에도 빙고는 명령만 떨어지면 신이 나서 전속력으로 암소를 앞세워 돌아오곤 했습니다. 그런데 일은 엉뚱하게 벌어졌습니다.

나는 처음엔 그러려니 하고 내버려두었지만 빙고는 시키지 않아도 늙은 암소를 하루에 열 몇 번씩 몰아왔습니다. 암소는 제대로 풀을 뜯어 먹지도 못하고 언제 쫓길지 몰라 불안해했습니다. 그래서 낮에는 빙고를 묶어 놓을 수밖에 없었습니다.

여름이 되자 모기가 극성을 부렸습니다. 젖을 짜는 동안 암소는 모기를 쫓느라 계속 꼬리를 휘둘렀습니다. 프레드 형은 암소가 꼬리를 휘두르지 못하게 꼬리에 벽돌을 매달았습니다.

"이렇게 해 두면 꼬리를 못 흔들겠지."

하지만 곧 까맣게 모여든 모기 사이로 퍽 하는 소리가 났습니다.

정작 암소는 아무 일 없다는 듯 되새김질을 하는데 벽돌에 얼굴을 맞은 형은 귀를 감싸 쥐고 일어났습니다. 구경꾼들이 웃어 대자 형은 머리끝까지 화가 났습니다.

왁자지껄한 소리를 들은 빙고는 자기가 나설 때라고 착각했습니다. 빙고는 외양간으로 뛰어들어 암소를 공격했습니다. 우유가 엎질러지고 양동이와 의자가 찌그러지고 암소와 개가 혼쭐이 난 후에야 소동이 가라앉았습니다.

'가엾은 빙고!'

빙고는 전부터 암소를 싫어했지만 이번 일로 암소에게 더 정나미가 떨어진 것 같았습니다. 그 뒤로는 외양간 쪽은 쳐다보지도 않고 말과 마구간에 붙어살았습니다.

암소는 내 소유였고 말들은 형의 것이었습니다. 빙고가 외양간에서 마구간으로 관심을 옮기면서 나와 멀어지는 듯했습니다. 빙고가 내게 장난을 치는 일은 없었지만 급한 일이 생기면 우리는 서로 찾았습니다. 끈끈한 정으로 맺어진 관계는 평생 이어질 것 같았습니다.

빙고는 말들에게도 항상 충실했습니다. 낮에는 말들과 함께 뛰어다녔고 밤이 되면 마구간 문가에서 잠들었습니다. 빙고가 말들과 주로 함께한 것에 비하면 그 후 벌어진 상황은 이상했습니다.

어느 날 아침, 형은 건초를 실어 오겠다며 말을 몰고 하루가 꼬박 걸리는 길을 떠났습니다. 그런데 이상하게 빙고는 말을 따라 나서지 않았습니다. 빙고는 형이 아무리 불러도 꼼짝하지 않았습니다.

　빙고는 마차를 조금 따라가다 돌아와 갑자기 구슬픈 울음을 길게 토해 냈습니다.

　그 후 다시 100미터쯤 마차를 따라가면서 몇 번이나 애처롭게 울었습니다. 그리고 그날은 종일토록 헛간 주위를 어슬렁거렸습니다.

　빙고가 스스로 말에게서 떨어진 것은 그때가 처음이자 마지막이었습니다. 이따금씩 내는 깊은 울음소리는 마치 죽음의 노래 같았습니다. 빙고의 그런 행동에 나는 뭔가 무시무시한 일이 일어날 것 같았습니다. 시간이 지날수록 마음은 무거워졌습니다.

오후 여섯 시쯤 되자, 나는 더 이상 빙고의 울음소리를 참을 수 없었습니다. 신경질적으로 빙고에게 물건을 집어 던지고 저리 가라고 소리소리 질렀습니다.

'아! 이 불길하고 등골 오싹한 기분은 뭘까? 왜 형을 혼자 가게 두었담. 형을 다시 못 보는 건 아닐까?'

나는 별의별 생각이 다 들었습니다.

'형이 돌아올 시간이 되었는데…….'

하지만 형은 그날 저녁 마차에 건초를 가득 싣고 돌아왔습니다. 나는 말고삐를 받아 쥐면서 안도의 한숨을 내쉬었습니다.

"괜찮았어?"

"응."

형은 짧게 대답했습니다. 그러나 재미있는 건 그 뒷얘기입니다.

며칠 뒤, 나는 우연히 점을 치는 사람에게 그 이야기를 들려주었습니다. 내 얘기를 들은 그 사람은 심각한 얼굴로 내게 되물었습니다.

"당신이 위험할 때면 빙고가 당신에게 달려옵니까?"

"네."

"그렇다면 웃어넘길 일이 아닙니다. 그날 위험에 처했던 사람은 형이 아니라 당신이었어요. 그 개는 당신 곁에 남아서 당신의 생명을 구한 겁니다. 그게 어떤 위험인지 알 수는 없지만……."

우리 오두막과 읍내 사이에는 3킬로미터 정도 초원이 펼쳐져 있었습니다. 그리고 중간중간 농장 경계를 표시하는 말뚝이 세워져 있었습니다. 빙고는 물론 코요테나 다른 동물들까지 그 말뚝을 찾아왔습니다.

나는 망원경으로 빙고의 사생활을 낱낱이 엿볼 수 있었습니다.

어느 날 아침, 빙고는 말뚝에 다가서자마자 온몸의 털을 곤두세우고 꼬리를 내린 채 벌벌 떨었습니다. 빙고는 냄새를 따라가지도 않고 집으로 돌아왔습니다. 녀석이 뭔가를 두려워하고 있다는 표시였습니다.

1884년 가을부터 나는 오두막집을 사용하지 않았습니다. 그래서 빙고를 친한 이웃 고든 씨에게 맡겼습니다. 빙고는 어릴 때부터 천둥이 치거나 비가 쏟아질 때를 빼면 집으로 들어오려 하지 않았습니다. 천둥에 대한 두려움은 총에 대한 두려움에서 비롯되었을 것입니다.

빙고는 밤만 되면 초원을 몇 킬로미터나 돌아다녔습니다. 그 증거는 아주 많았습니다. 아주 먼 곳에 사는 농부들이 밤에 개를 묶어 두지 않으면 총을 쏘겠다고 한 적이 있었기 때문입니다. 빙고가 총을 무서워하는 걸 보면 그 위협이 빈말이 아닌 게 분명했습니다.

저 멀리에 사는 사람들이 어느 겨울밤 커다란 늑대 한 마리가 눈밭에서 코요테를 죽이는 것을 보았다고 했다가 나중에는 늑대가 아닌 빙고라고 말을 바꾼 적도 있었습니다. 강추위에 얼어 죽은 소나 말을 들판에 내다 버리면 빙고는 밤마다 코요테를 쫓아버리고 혼자 실컷 만찬을 즐겼습니다.

때로는 이런 식으로 밤 나들이를 하다가 다른 집 개들을 다치게 하기도 했습니다. 보복의 위험도 있었지만 빙고의 대가 끊길 걱정은 하지 않아도 될 것 같았습니다.

어떤 사람이 본 새끼 코요테는 덩치가 제법 크고 검으며 주둥이 둘레에 흰 털이 나 있는 것까지 빙고를 꼭 빼닮았다고 했습니다. 이 이야기가 정말인지는 확실하지 않지만 나도 비슷한 경험을 한 적이 있습니다. 3월 말, 고든 영감과 나는 썰매를 끌고 빙고가 그 뒤를 따라오고 있었습니다.

갑자기 굴에서 코요테 한 마리가 뛰쳐나왔습니다. 코요테는 도망을 치고 빙고는 그 뒤를 열심히 쫓아갔습니다.

그런데 코요테는 있는 힘을 다해 도망치지 않았고 빙고 또한 금세 코요테를 따라잡았는데 이상하게도 둘은 싸우지 않았습니다. 빙고는 옆에 바짝 붙어 코요테를 핥아 주기까지 했습니다.

우리는 소리쳤습니다. 내가 몇 차례 더 소리 지르며 다가가자 코요테는 그제서야 달아났습니다. 빙고가 다시 코요테를 뒤쫓았지만 다정하게 군다는 것을 한눈에 알아볼 수 있었습니다.

"코요테 암컷이에요. 빙고가 저 암컷을 해칠 생각이 없나 봐요."

내가 외치자, 고든 영감이 중얼거렸습니다.

"어떻게 이런 일이……."

나는 아연실색했습니다.

"빙고가 코요테와 결혼이라도 한 걸까요?"

"그런 것 같아. 자네가 떠난 뒤로 거의 들판에서 살았거든."

자세히 보니 정말 예전의 빙고와 조금 달라 보였습니다.

"제가 떠나자 들짐승같이 제멋대로 돌아다닌 것 같습니다. 빙고는 버림 받았다고 생각했을 테니까요."

나는 마음이 아팠습니다.

다음 날, 나는 빙고가 정말 코요테와 결혼한 것이 사실인지 알아보기 위해 나왔습니다. 얼마쯤 가자 코요테 한 마리가 빙고 앞으로 달려 나왔습니다. 코요테를 본 빙고는 꼬리를 흔들며 쫓아갔습니다. 코요테와 빙고는 서로 얼굴을 맞대고 핥아 주었습니다.

"짐작대로 빙고가 코요테와 결혼을 했군."

그 뒤로 코요테는 자주 마을의 닭을 죽이거나 돼지고기를 훔쳐 가 동네 사람들의 화를 돋우었습니다.

마을 사람들은 점점 빙고와 그의 짝인 코요테를 미워했습니다.

얼마 뒤, 코요테가 올리버 씨 농장에서 총에 맞은 채 발견되었습니다. 그 일이 일어난 뒤부터 빙고는 올리버 씨만 보면 으르렁거리며 하얀 이빨을 드러냈습니다.

얼마 뒤, 올리버 씨네 늙은 말이 병에 걸려 죽었습니다. 올리버 씨는 말의 시체에 독약을 넣어 숲에 던져 놓았습니다. 코요테 무리를 잡으려는 속셈이었습니다.

그러나 엉뚱하게도 말고기를 좋아하는 빙고와 올리버 씨네 개가 그 말고기를 먹었습니다. 그런데 빙고만 살아남고 올리버 씨네 개는 죽고 말았습니다. 빙고는 강한 의지력으로 목숨을 건진 것 같았습니다.

사람과 개가 한결같이 서로 정성을 다한다는 것은 아름다운 일입니다. 북쪽 지역에 사는 어느 인디언 부족의 이야기를 들었습니다.

언젠가 한 부족이 기르던 개를 이웃 사람이 죽였고 그 일로 싸움이 일어나 부족이 거의 전멸하다시피 했다고 합니다.

소송이나 싸움은 어디에서나 늘 있을 수밖에 없습니다. 그러나 이 모든 것이 오늘날 우리에게 새로운 교훈이 되기도 합니다.

"나를 사랑한다면 내 개도 사랑하라."

나의 이웃은 멋진 사냥개와 함께 살았습니다. 나는 그를 좋아했고 그 사냥개도 좋아했습니다. 어느 날 그 개가 온몸에 상처를 입은 채 문 앞에서 세상을 떠났습니다.

나는 이웃과 함께 복수를 하기로 했습니다. 우리는 현상금을 걸고 증거를 모으는 등 수시로 범인을 추적했습니다.

남쪽으로 떠난 세 사람 중 한 명이 드디어 그 끔찍한 사건과 관련된 정보를 찾았습니다.

　수사는 활기를 띠었고 이제 곧 정의의 심판을 내릴 수 있을 것 같았습니다. 그런데 그때 내 마음을 돌려놓는 일이 벌어졌습니다. 그 일로 나는 개를 죽인 범인이 정당방위일 수도 있다는 쪽으로 생각을 바꾸었습니다.

고든 영감의 농장을 찾았을 때 일이었습니다. 내가 범인을 쫓는 것을 안 고든 영감의 아들이 나를 옆으로 데리고 가더니 침통한 목소리로 말했습니다.

"빙고 짓이에요."

나는 그 즉시 사건에서 손을 뗐습니다.

오래전에 고든 영감에게 빙고를 맡겼지만, 나는 여전히 빙고의 주인이라고 생각했습니다.

그리고 얼마 뒤였습니다. 빙고는 개와 사람의 끈끈한 연대감을 보여 주는 또 다른 사건의 주인공이 되었습니다.

고든 영감과 올리버 영감은 가까운 이웃이자 친구였습니다. 두 사람은 함께 나무를 하기로 약속하고 겨우내 사이좋게 일을 했습니다. 그런데 올리버 영감의 말이 죽었습니다. 올리버 영감은 죽은 말을 초원에 끌어다 놓고 주위에 늑대를 잡으려고 독을 놓는 꾀를 부렸습니다.

'아! 가엾은 빙고.'
빙고는 야생의 늑대처럼 살다가 몇 번이나 고비를 겪으면서도 또다시 그 생활에 빠져들곤 했습니다.

그날 밤 빙고는 고든 영감의 개 컬리와 함께 말의 시체가 있는 곳으로 갔습니다. 빙고는 늑대의 접근을 막느라 바빴지만 컬리는 말고기를 실컷 먹었습니다.

컬리는 온몸에 독이 퍼져 끔찍한 고통에 괴로워하며 간신히 집으로 돌아왔습니다. 그리고 고든 영감의 발밑에서 죽음을 맞았습니다.

"나를 사랑한다면 내 개도 사랑하라."

고든 영감은 변명도, 사과도 받아들이지 않았습니다.

그러다가 빙고와 올리버 영감이 오래전부터 사이가 나빴다는 사실이 다시 떠올랐습니다. 고든 영감과 올리버 영감의 약속도 깨지고 오랜 우정도 금갔습니다. 컬리의 죽음으로 생긴 두 집안 사이의 갈등은 지금까지 계속되고 있습니다.

빙고가 독 기운에서 완전히 벗어나기까지 여러 달이 걸렸습니다. 우리는 녀석이 예전처럼 돌아오지 못할 거라고 생각했습니다. 하지만 이듬해 봄이 되자 녀석은 다시 기운을 차렸습니다. 빙고는 다시 친구들의 자랑거리이자 동네 골칫거리가 되었습니다.

그후 나는 여러 가지 사정으로 잠시 고향을 떠나 있었습니다. 다른 곳에서 두 해를 보내고 1886년 돌아와 보니 빙고는 여전히 고든 영감 집에 살고 있었습니다. 내가 없는 동안 녀석은 나를 완전히 잊었을 거라고 생각했는데 그렇지 않았습니다.

초겨울의 어느 날, 녀석은 이틀 동안 어디로 사라졌다가 한쪽 발이 늑대 덫에 걸린 채 고든 영감 집까지 기어 왔습니다. 덫에는 묵직한 통나무가 매달려 있었고 발은 돌덩이처럼 꽁꽁 얼어 있었습니다.

녀석이 어찌나 사납게 으르렁대는지 덫을 풀어 줄 수가 없었습니다. 사람들은 겁이 나서 가까이 가지도 못했습니다. 그래도 나는 덫을 풀어 주고 싶어서 빙고 옆으로 다가갔습니다. 이제는 녀석이 나를 낯설어 할 거라고 생각하면서도 그대로 두고 볼 수가 없었습니다.

나는 몸을 굽혀 한 손으로 덫을, 다른 한 손으론 다리를 붙잡았습니다. 그 순간 빙고가 내 손목을 물었습니다. 나는 침착하게 말했습니다.

"빙고, 나야! 모르겠어?"

처음부터 세게 물지 않았던 빙고는 내 목소리를 듣고 이내 손목에서 입을 치웠습니다. 덫을 제거하는 동안 많이 낑낑거리긴 했지만 조금도 반항하지 않았습니다. 오랫동안 떠나 있었지만 녀석은 여전히 나를 주인으로 기억했습니다. 나도 빙고가 여전히 내 개라고 느꼈습니다.

나는 빙고를 억지로 집으로 들여서 꽁꽁 언 발을 녹여 주었습니다. 그해 겨울이 지나도록 녀석은 다리를 절룩거렸고 결국 발가락 두 개를 잃고 말았습니다. 하지만 따뜻한 봄기운을 맞으면서 녀석은 건강을 되찾았습니다. 강철 덫에 걸렸던 무시무시한 기억도 잊어 가는 듯했습니다.

그해 겨울 동안 나는 늑대와 여우를 많이 잡았습니다. 빙고만큼 운이 좋지 않아 덫에서 빠져나오지 못한 놈들이었습니다. 나는 그 덫을 봄까지 그대로 두기로 했습니다. 봄이 되면 모피 상태는 나빠지지만 맹수 퇴치 보상금이 두둑하기 때문입니다.

4월 말 어느 날, 평소처럼 말을 타고 산등성이를 한 바퀴 돌았습니다. 강철로 만든 늑대 덫에는 50킬로그램의 힘으로 죌 수 있는 용수철 두 개가 달려 있습니다. 나는 언제나 미끼를 땅에 묻은 다음, 그 주위에 덫을 네 개씩 설치했습니다.

코요테 한 마리가 덫에 걸려 있었습니다. 나는 코요테를 밀쳐 두고 다시 그 옆으로 덫을 놓았습니다.

나는 덫을 설치할 때 쓰는 스패너를 조랑말 쪽으로 던져 놓았습니다. 이제 덫이 보이지 않게 잘 덮기만 하면 됩니다.

🌰스패너 : 나사를 죄거나 푸는 공구

마침 근처에 있던 고운 모래를 잡으려고 손을 뻗었습니다. 그 순간 철커덕 소리와 함께 손이 덫에 걸리고 말았습니다.

'이런 실수를 하다니!'

고운 모래 밑에 지난겨울, 내가 놓은 늑대 덫이 있었던 것입니다.
나는 내 손을 덫에서 빼 줄 스패너 쪽으로 오른팔을 뻗었으나 왼손이 걸려 있어 움직이기에 불편했습니다.

덫에 손이 낀 채로 엎드려 오른발을 움직여 보았습니다. 그러나 아무리 애를 써도 스패너 쪽과 거리가 너무 멀었습니다.

다시 방향을 바꾸어 힘겹게 오른발을 더듬거렸습니다. 오른발에 신경을 모으느라 왼발은 신경을 쓰지 않았습니다. 그런데 다시 철커덕 하는 날카로운 소리가 들리더니 왼발마저 덫에 단단히 걸렸습니다.

처음에는 실감이 나지 않았습니다. 그러나 곧 발버둥 쳐도 소용없다는 걸 알게 되었습니다.

'나는 이제 어떻게 되는 걸까?'

가문비나무 숲이 있는 늪지대로 붉은 해가 지고 있었습니다. 얼얼한 아픔이 서서히 팔을 타고 올라왔습니다. 조금 떨어진 언덕에는 두뿔종다리 한 마리가 저녁 노래를 지저귀고 있었습니다. 고든 영감 오두막의 아늑한 저녁 식탁 풍경이 아련하게 떠올랐습니다.

조랑말이라도 집으로 돌아가면 사람들이 나를 찾으러 올 수 있다고 생각했습니다. 하지만 조랑말은 나에 대한 충성심으로, 계속 그 자리에 버티고 서 있었습니다.

배고픔과 추위가 몰려왔습니다. 그러다가 실종된 조로 영감이 이듬해 봄이 되어서야 곰덫에 발이 걸린 채 해골로 발견된 일이 떠올랐습니다. 그런 생각을 하니 지난번 덫에 걸린 늑대도 생각났습니다.

'아! 내가 벌 받는 거야. 다시는 덫을 놓지 말아야겠어.'

어둠이 점점 몰려왔습니다. 길게 코요테의 울음소리가 들리더니 또 다시 다른 코요테가 울고 뒤를 이어 또 다른 코요테가 울었습니다.

코요테 무리가 냄새를 맡고 모여들고 있었습니다. 나는 코요테들이 내 몸을 갈기갈기 찢어 놓는 상상을 하며 두려움에 떨었습니다.

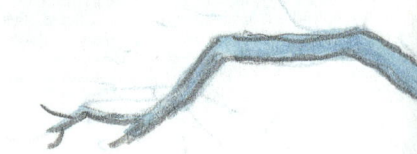

희미한 그림자가 살금살금 다가왔습니다. 다음에는 더 가까이 다가와 빙 둘러앉았습니다. 조랑말이 겁에 질려 히이잉 소리를 내며 달아나 버렸습니다.

처음엔 멈칫거리던 코요테들이 점점 가까이 다가오더니 근처에 있는 죽은 코요테에 입을 댔습니다.

'무서운 놈들, 자기 동료를 먹다니!'

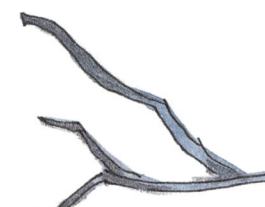

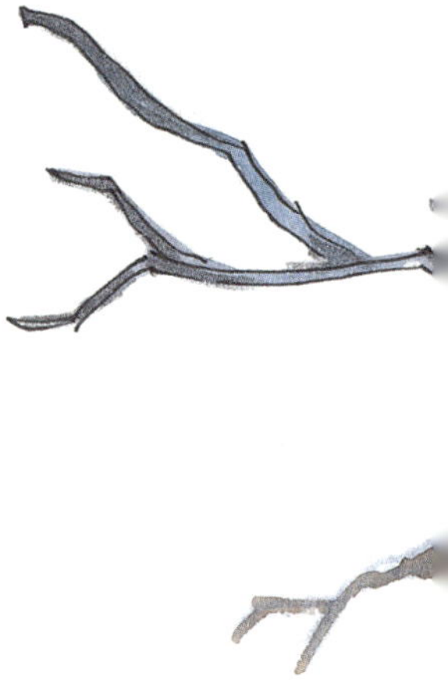

　　식사를 끝낸 코요테들은 좀 더 가까이 몰려와 나를 노려보았습니다. 그중 가장 용감한 놈이 총 냄새를 맡더니 그 위를 흙으로 덮었습니다. 내가 덫에 걸리지 않은 다리로 발길질하면서 소리치자 뒤로 물러나는 듯했으나, 힘이 빠진 것을 눈치채고 코 앞에서 으르렁거렸습니다.

그 모습을 본 다른 코요테들도 같이 으르렁거리며 다가왔습니다. 지금까지 가장 시시하다고 얕본 놈들에게 잡아먹히는구나 하는 생각이 들었습니다.

그때, 커다란 검은 늑대 한 마리가 으르렁거리며 뛰어나왔습니다. 코요테들이 순식간에 사방으로 흩어졌습니다. 용감한 코요테 한 마리가 남았지만 이내 검은 늑대에게 물려 바닥에 내동댕이쳐졌습니다.

"오, 맙소사!"

무시무시한 짐승이 이번에는 나를 향해 달려들었습니다. 그런데 숨소리가 귀에 익었습니다. 검은 짐승은 바로 빙고였습니다.

"빙고!"

빙고는 거친 숨을 몰아쉬며 털이 복슬복슬한 옆구리를 내 몸에 비비며 차디찬 내 얼굴을 핥아 주었습니다.

"빙고! 빙고! 네가 왔구나. 어서 저기 스패너 좀 가져와!"

녀석은 말귀를 알아듣는 듯하더니, 엉뚱하게 엽총을 끌어왔습니다.

"아니, 빙고. 총 말고 스패너 말이야."

이번에 가져온 건 내 허리띠였습니다.

빙고는 여러 번 실패 끝에 마침내 스패너를 가져다주고는 기뻐하며 꼬리를 흔들었습니다. 나는 덫에 걸리지 않은 한 손으로 간신히 나사를 풀 수 있었습니다. 잠시 후 나는 완전히 자유의 몸이 되었습니다.

빙고는 멀찌감치 달아났던 조랑말을 데리고 왔습니다. 빙고는 앞장 서서 달리며 큰 소리로 짖어 댔습니다. 집에 도착한 나는 빙고에 대해 새로운 사실을 알았습니다. 빙고는 평소 케네디 평야에 얼씬도 하지 않았다고 합니다.

"똑똑하고 영리한 저 녀석이 케네디 평야에 갈 리 있겠나?"

빙고는 그곳에 온통 덫이 놓여 있는 걸 알면서도 오늘따라 자꾸만 그곳을 바라보며 낑낑거렸다고 합니다.

고든 영감이 말을 이었습니다.
"그러다 밤이 되니까 평야로 달려갔어. 무슨 느낌을 받은 게지."
"아, 빙고!"

빙고는 내가 위험에 처한 것을 느끼고 나를 찾아온 것입니다. 녀석은 묘한 구석이 있었습니다. 마음은 나와 함께 있었으나 이튿날 마주쳤을 때 나에게 눈길 한 번 주지 않고 쓱 지나쳤습니다.

빙고는 끝까지 한결같았습니다. 녀석은 마지막까지 늑대와 닮은 야성적인 삶을 살았습니다. 들판을 돌아다니던 빙고는 얼어 죽은 말의 시체에 독이 들어 있는 것도 모르고 늑대처럼 허겁지겁 먹어치웠습니다. 고통 속에서 빙고가 찾아간 곳은 고든 영감의 집이 아닌 나의 오두막 문 앞이었습니다.

이튿날 집에 돌아온 나는 현관 문턱에서 차갑게 식어 버린 빙고를 발견했습니다. 녀석이 강아지일 때 자주 드나들던 그 문턱이었습니다.

빙고는 마지막까지 나의 충실한 친구였습니다. 빙고는 가장 고통스러운 순간에 나의 도움을 간절히 바랐지만 나는 빙고에게 아무런 도움을 주지 못했습니다.

"아! 빙고, 빙고!"